VISTA™

# Entender
## los elementos del texto informativo

Puedes identificar los elementos que conforman un texto informativo y entender la razón por la cual el autor decidió incluirlos.

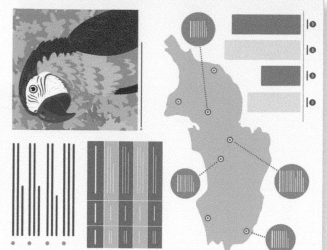

| Elementos | Cómo ayudan al lector |
|---|---|
| Título | Dice de qué trata el texto. |
| Encabezados | Dividen el texto en secciones. |
| Índice | Lista en orden alfabético del contenido y el número de página, ubicada al final del texto. |
| Glosario | Lista en orden alfabético del vocabulario y su significado, ubicada al final del texto. |
| Fotos / Ilustraciones | Muestran algo de lo que se habla en el texto. |
| Leyendas / Pies de foto | Explican qué muestra cada foto o ilustración. |
| Etiquetas | Nombran las partes que hay en una foto o ilustración. |
| Palabras en negrita | Resaltan el vocabulario importante. |
| Gráficas / Tablas | Muestran los datos que apoyan el texto. |

# El sol en el cielo

**rayos**

Te despiertas por la mañana. Los **rayos** del sol empiezan a iluminar el cielo. Está amaneciendo.

Ahora es **mediodía**. El sol está en su punto más alto en el cielo.

Es el final de la tarde. El sol está en el **horizonte**. Es la puesta del sol.

## SABELOTODO

El horizonte es la línea donde el cielo y la Tierra parecen encontrarse.

# ¡EXTRA! EL SOL ES UNA ESTRELLA

Una estrella es una gran bola de gas caliente.

La Tierra gira alrededor del Sol.

**SABELOTODO**

La Tierra también gira sobre sí misma.

El Sol parece que se mueve por el cielo, pero es la Tierra la que gira sobre sí misma.

¿Has mirado alguna vez por la ventanilla de un tren? Parece que los árboles se mueven. En realidad, el tren es el que se mueve y tú te mueves con él. El Sol es como esos árboles, no se mueve. La Tierra se está moviendo y tú te mueves con ella.

# ¡EXTRA!

La Tierra gira sobre su eje. El **eje de la Tierra** es una línea imaginaria alrededor de la cual gira la Tierra.

amanecer                    mediodía

En diferentes momentos del día el Sol parece estar en diferentes **ubicaciones**. Pero eres tú el que se está moviendo.

puesta de sol

noche

El Sol parece salir y ponerse. Pero en realidad es la Tierra la que está girando. Y tú te estás moviendo con ella.

Después de que se pone el sol, se hace de noche. Esa parte de la Tierra no está frente al Sol.

La Luna tiene un cuarto del tamaño de la Tierra.

La Luna se mueve alrededor de la Tierra.

# ¿Por qué hay días y noches?

La Tierra gira sobre sí misma. El Sol siempre brilla. Es de día en la mitad de la Tierra que se encuentra frente a él.

En la mitad de la Tierra que no está frente al Sol, es de noche.

# Actividad de los animales

La mayoría de las personas están despiertas durante el día y duermen por la noche. Algunos animales son como nosotros porque están **activos** durante el día y duermen por la noche.

Esta lagartija se sienta al sol durante el día. Por la noche duerme.

Esta ave busca comida por el día. Por la noche duerme en su nido.

Este mapache busca comida por la noche. Durante el día duerme.

Los gatos suelen dormir durante el día y la noche. Son más activos justo cuando sale el sol y después de que se pone, por la noche.

El sol vuelve a salir. Un nuevo día está a punto de comenzar.

8 a.m.  8 p.m.  8 a.m.

La Tierra tarda 24 horas en dar una vuelta sobre su propio eje.

Nos despertamos por la mañana, cuando sale el sol.

Cuando el sol se pone, sabemos que el día ha terminado. Es hora de acostarse.

En el pasado, cuando cantaba un gallo por la mañana, la gente sabía que era hora de levantarse.

La gente también usaba relojes de sol. Los relojes de sol usan las sombras que proyecta el Sol para indicar la hora.

**activos** en movimiento

**eje de la Tierra** línea imaginaria alrededor de la cual gira la Tierra

**horizonte** donde el cielo y la Tierra parecen encontrarse

**mediodía** 12:00 de la tarde

**rayos** líneas de luz que salen de un cuerpo luminoso, y especialmente las que vienen del Sol.

**ubicaciones** lugares

## ¿El Sol o el sol?

Probablemente has notado que en este libro a veces "sol" se escribe con mayúscula inicial y otras veces, con minúscula. No creas que es un error… Según la norma, se escribe "Sol" cuando se habla del astro en sí. Por ejemplo: El Sol es una estrella. Y se escribe con minúscula cuando se habla de la luz, el calor o la influencia del Sol. Por ejemplo: sale el sol, hace sol, la puesta de sol.

Every effort has been made to trace the copyright holders of the works published herein. If proper copyright acknowledgment has not been made, please contact the publisher and we will correct the information in future printings.

**Photography and Art Credits**

© 2024, Vista Higher Learning, Inc.
500 Boylston Street, Suite 620
Boston, MA 02116-3736
www.vistahigherlearning.com
www.loqueleo.com/us

**Dirección Creativa:** José A. Blanco
**Vicedirector Ejecutivo y Gerente General, K–12:** Vincent Grosso
**Desarrollo Editorial:** Salwa Lacayo, Lisset López, Isabel C. Mendoza
**Diseño:** Radoslav Mateev, Gabriel Noreña, Andrés Vanegas, Manuela Zapata
**Coordinación del proyecto:** Karys Acosta, Tiffany Kayes
**Derechos:** Jorgensen Fernandez, Annie Pickert Fuller, Kristine Janssens
**Producción:** Thomas Casallas, Oscar Díez, Sebastián Díez, Andrés Escobar, Adriana Jaramillo, Daniel Lopera, Daniela Peláez

*El sol en el cielo*
ISBN: 978-1-66992-2-100